TESTAMENT

DE

LOUIS XVI.

DE E'IMPRIMERIE DE MADAME VEUVE JEUNEHOMME,

ruc Hautefeuille, n° 20.

LOUIS XVI.

TESTAMENT

DE

LOUIS XVI,

ROI DE FRANCE ET DE NAVARRE.

PARIS,

Chez PLANCHER, au Dépôt de Librairie,
Rue Serpente, n°. 14.

1816.

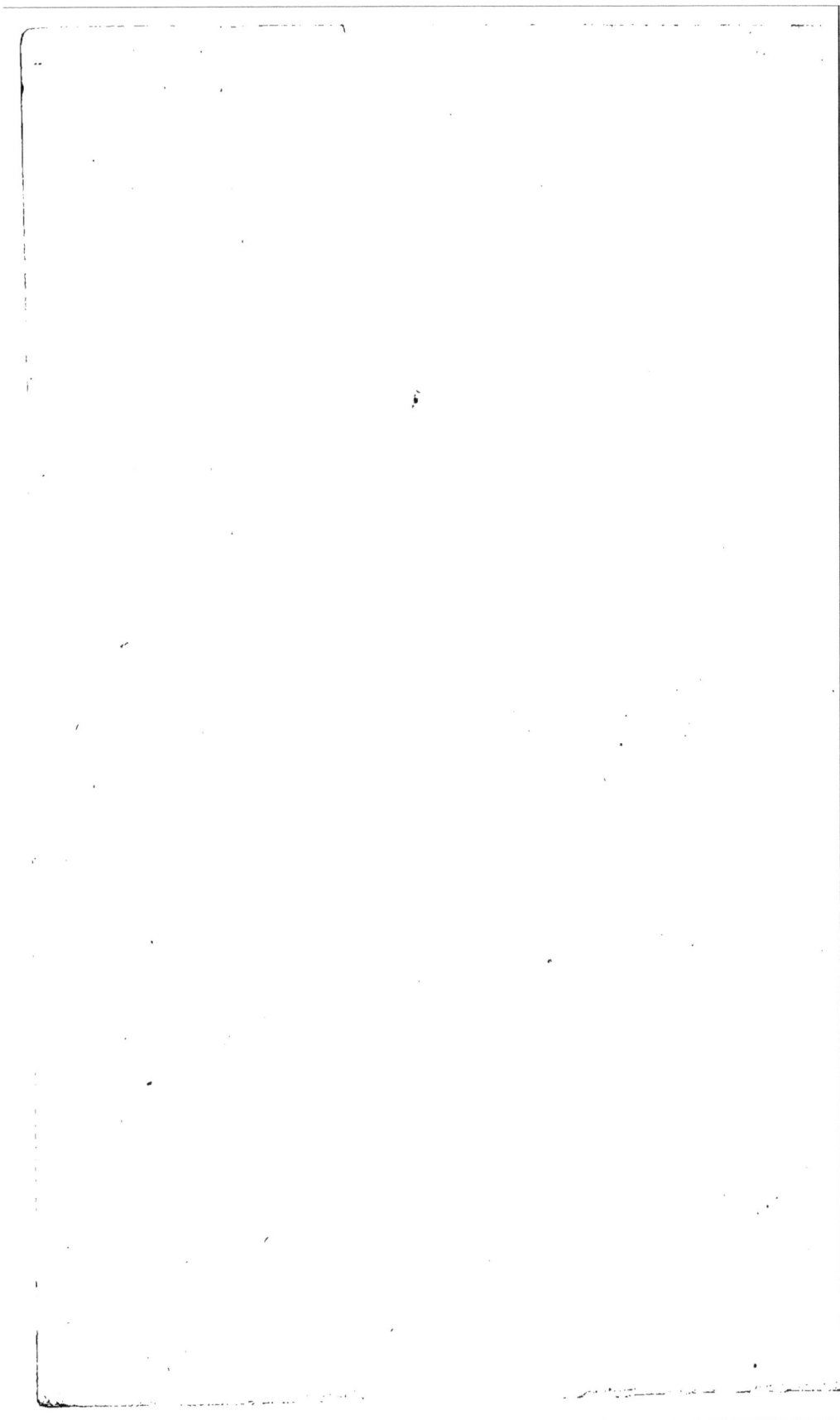

TESTAMENT

DE LOUIS XVI.

AU nom de la Très-Sainte Trinité, du Père
et du Fils, et du Saint-Esprit. Aujourd'hui,
vingt-cinquième jour du mois de décembre
mil sept cent quatre-vingt-douze, moi, Louis,
seizième du nom, roi de France, étant depuis

plus de quatre mois renfermé, avec ma famille, dans la tour du Temple, à Paris, par
ceux qui étaient mes sujets, et privé de toute
communication quelconque, même depuis le
onze du courant avec ma famille ; de plus,
impliqué dans un procès dont il est impossible
de prévoir l'issue, à cause des passions des
hommes, et dont on ne trouve aucun prétexte
ni moyen dans aucune loi existante, n'ayant
que Dieu pour témoin de mes pensées et auquel je puisse m'adresser, je déclare ici en sa
présence mes dernières volontés et mes sentimens.

Je laisse mon âme à Dieu, mon créateur ;
je le prie de la recevoir dans sa miséricorde,
de ne pas la juger d'après ses mérites, mais
par ceux de Notre-Seigneur Jésus-Christ, qui
s'est offert en sacrifice à Dieu son père pour
nous autres hommes, quelqu'indignes que
nous en fussions, et moi le premier.

Je meure dans l'union de notre sainte mère
l'Eglise catholique, apostolique et romaine,
qui tient ses pouvoirs par une succession non

interrompue de saint Pierre, auquel Jésus-Christ les avait confiés.

Je crois fermement et je confesse tout ce qui est contenu dans le symbole et les commandemens de Dieu et de l'Eglise, les sacremens et les mystères, tels que l'Eglise catholique les enseigne et les a toujours enseignés. Je n'ai jamais prétendu me rendre juge dans les différentes manières d'expliquer les dogmes qui déchirent l'Eglise de Jésus-Christ; mais je je m'en suis rapporté et m'en rapporterai toujours, si Dieu m'accorde vie, aux décisions que les supérieurs ecclésiastiques, unis à la sainte Eglise catholique, donnent et donneront conformément à la discipline de l'Eglise suivie depuis Jésus-Christ.

Je plains de tout mon cœur nos frères qui peuvent être dans l'erreur; mais je ne prétends pas les juger, et je ne les aime pas moins tous en Jésus-Christ, suivant ce que la charité chrétienne nous enseigne. Je prie Dieu de me pardonner tous mes péchés; j'ai cherché à les connaître scrupuleusement, à les détester et à m'humilier en sa présence. Ne pouvant me servir d'un prêtre catholique, je prie Dieu de recevoir la confession que je lui en ai faite, et surtout le repentir profond que j'ai d'avoir mis mon nom (quoique ce fut contre ma volonté) à des actes qui peuvent être contraires à la discipline et à la croyance de l'Eglise catholique, à laquelle je suis toujours resté sincèrement uni de cœur.

Je prie Dieu de recevoir la ferme résolution où je suis, s'il m'accorde vie, de me servir, aussitôt que je pourrai, du ministère d'un prêtre catholique, pour m'accuser de tous mes péchés et en recevoir le sacrement de pénitence.

Je prie tous ceux que je pourrais avoir offensé par inadvertance (car je ne me rappelle pas d'avoir fait sciemment aucune offense à personne), ou à ceux à qui j'aurais pu donner de mauvais exemples ou des scandales, de me pardonner le mal que je peux leur avoir fait. Je prie tous ceux qui ont de la charité d'unir leurs prières aux miennes pour obtenir de Dieu le pardon de mes péchés.

Je pardonne de tout mon cœur à ceux qui se sont faits mes ennemis, sans que je leur aie

donné aucun sujet, et je prie Dieu de leur
pardonner, de même qu'à ceux qui, par un
faux zèle, ou par un zèle mal entendu, m'ont
fait beaucoup de mal.

Je recommande à Dieu ma femme et mes
enfans, ma sœur et mes tantes, mes frères,
et tous ceux qui me sont attachés par le lien
du sang, ou par quelque autre manière que
ce puisse être. Je prie Dieu particulièrement
de jeter des yeux de miséricorde sur ma femme,
mes enfans et ma sœur, qui souffrent depuis
long-temps avec moi; de les soutenir par sa
grâce, s'ils viennent à me perdre, et tant qu'ils
resteront dans ce monde périssable.

Je recommande mes enfans à ma femme;
je n'ai jamais douté de sa tendresse maternelle
pour eux : je lui recommande surtout d'en
faire de bons chrétiens et d'honnétes hommes;
de ne leur faire regarder les grandeurs de ce
monde-ci (s'ils sont condamnés à les éprou-
ver) que comme des biens dangereux et pé-
rissables, et de tourner leurs regards vers la
seule gloire solide et durable de l'éternité. Je
prie ma sœur de vouloir continuer sa ten-

dresse à mes enfans, et de leur tenir lieu de
mère, s'ils avaient le malheur de perdre la
leur.

Je prie ma femme de me pardonner tous
les maux qu'elle souffre pour moi et les chagrins que je pourrais lui avoir donnés dans le
cours de notre union, comme elle peut être
sûre que je ne garde rien contre elle, si elle
croyait avoir quelque chose à se reprocher.

Je recommande bien vivement à mes enfans, après ce qu'ils doivent à Dieu, qui doit
marcher avant tout, de rester toujours unis
entre eux, soumis et obéissans à leur mère,
et reconnaissans de tous les soins qu'elle se
donne pour eux et en mémoire de moi. Je
les prie de regarder ma sœur comme une se-
conde mère.

Je recommande à mon fils, s'il avait le malheur de devenir Roi, de songer qu'il se doit
tout entier au bonheur de ses concitoyens ;
qu'il doit oublier toute haine et tout ressenti-
ment, et nommément ce qui a rapport aux

malheurs et aux chagrins que j'éprouve ; qu'il
ne peut faire le bonheur des peuples qu'en
régnant suivant les lois, mais en même temps
qu'un Roi ne peut les faire respecter et faire
le bien qui est dans son cœur, qu'autant qu'il
a l'autorité nécessaire, et qu'autrement étant
lié dans ses opérations, et n'inspirant point de
respect, il est plus nuisible qu'utile.

Je recommande à mon fils d'avoir soin de
toutes les personnes qui m'étaient attachées,
autant que les circonstances où il se trouvera
lui en donneront les facultés ; de songer que
c'est une dette sacrée que j'ai contractée envers les enfans ou les parens de ceux qui ont
péri pour moi, et ensuite de ceux qui sont
malheureux pour moi.

Je sais qu'il y a plusieurs personnes de
celles qui m'étaient attachées qui ne se sont
pas conduites envers moi comme elles le de-
vaient, et qui ont même montré de l'ingratitude, mais je leur pardonne (souvent dans des
momens de troubles et d'effervescence on
n'est pas maître de soi), et je prie mon fils,

s'il en trouve l'occasion, de ne songer qu'à leur malheur.

Je voudrais pouvoir témoigner ici ma reconnaissance à ceux qui m'ont montré un attachement véritable et désintéressé ; d'un côté, si j'ai été sensiblement touché de l'ingratitude et de la déloyauté de gens à qui je n'avais jamais témoigné que des bontés, à eux, ou à leurs parens ou amis ; de l'autre j'ai eu de la consolation à voir l'attachement et l'intérêt gratuit que beaucoup de personnes m'ont montré : je les prie d'en recevoir tous mes remerciemens. Dans la situation où sont encore les choses, je craindrais de les compromettre si je parlais plus explicitement ; mais je recommande spécialement à mon fils de rechercher les occasions de pouvoir les reconnaître.

Je croirais calomnier cependant les sentimens de la nation, si je ne recommandais ouvertement à mon fils MM. de Chamilly et Hue, que leur véritable attachement pour moi avait portés à s'enfermer avec moi dans ce triste séjour, et qui ont pensé en être les

malheureuses victimes. Je lui recommande
aussi Cléry, des soins duquel j'ai eu tout lieu
de me louer depuis qu'il est avec moi. Comme
c'est lui qui est resté avec moi jusqu'à la fin,
je prie messieurs de la Commune de lui re-
mettre mes hardes, mes livres, ma montre,
ma bourse, et mes autres effets qui ont été
déposés au conseil de la Commune.

Je pardonne encore très-volontiers à ceux
qui me gardaient, les mauvais traitemens et
les gênes dont ils ont cru devoir user envers
moi. J'ai trouvé quelques âmes sensibles et
compatissantes : que celles-là jouissent, dans
le cœur, de la tranquillité que doit leur donner leur façon de penser.

Je prie MM. Malesherbes, Tronchet et
Desèze, de recevoir ici tous mes remerciemens et l'expression de ma sensibilité pour
tous les soins et les peines qu'ils se sont donnés
pour moi.

Je finis en déclarant devant Dieu, et prêt
à paraître devant lui, que je ne me reproche

» de génération en génération, à toute la
» postérité.

Fait à Paris, ce jeudi soir, 17 janvier 1793. »

Signé, François Oursdenesle,
(*de l'île de Rhé.*)

Cette lettre fut envoyée à tous les journa-
listes, qui l'insérèrent dans leurs feuilles.

FIN.